CW00833537

GATTO GRASSO:
ISTRUZIONI PER L'USO

Non si possiede mai un gatto.
Semmai si è ammessi alla
sua vita, il che è senz'altro
un privilegio. (Beryl Reid)

INTRODUZIONE

Scegliere un gatto non è mai semplice: è una creatura magica, dalle mille sfaccettature caratteriali, sa che prenderà il comando assoluto della casa e ne va molto fiero.

Premettiamo subito una cosa: non siete voi che scegliete il micio, è lui a scegliere voi! Ricordatevelo sempre, dal primo momento in cui i gommini toccheranno terra della sua nuova dimora, lui sarà il padrone assoluto, e voi non potrete farci niente. MAI.

1. TIPOLOGIA E FORMA GEOMETRICA

Ci sono diversi tipi di gatto, ma non parleremo di razze o miscugli. Ci limiteremo ad analizzare il gatto grasso, perché qualsiasi sia la provenienza del nostro nuovo padrone, abbiamo la consapevolezza che gli agi che riceverà lo porteranno alla tipica forma di pera, a volte smisuratamente, a volte no.

Se non vi piace paragonare il vostro nuovo amico ad un frutto, dovete assolutamente ricordare che i gatti riescono anche a liquefarsi per riuscire ad assumere la forma da loro desiderata. Ugo, il mio adorato ciccione di casa, di notte è un cerchio perfetto nella sua cuccetta, mentre di giorno diventa rettangolare, quadrato, o lineare... dipende dalla scatola in cui decide di soggiornare per le successive 5 o 6 ore!

2. DIFETTI DEL GATTO GRASSO

1. I DOLORI STAGIONALI dello schiavo umano.
In certi momenti, presi dallo sconforto di non avere un'adorabile pallina di pelo iperattiva, vi verrà voglia di prendere in braccio il gatto. SUPER ATTENZIONE IN QUESTO CASO: non guardatelo mai negli occhi, se si sta svegliando potrebbe goffamente tentare di cavarveli.
Il sollevamento gatto spesso porta a successivi mal di schiena, torcicollo, e mal di braccia: è come andare in palestra. Ma ciò può comunque portare dei benefici... ne parleremo poco più avanti.

2. La SOLITUDINE che lo schiavo umano proverà durante i lunghissimi pisolini del suo nuovo compagno di vita. Non azzardatevi a svegliarlo: decide lui se, come e quando farsi accarezzare e tenervi compagnia.

3. Il PORTAFOGLI si alleggerirà smisuratamente: dapprima prenderete bastoncini, leccornie, tiragraffi, giochi di ogni genere e prezzo...poi capirete, ma nulla cambierà. Le crocche dietetiche a cui sarete legati per tutta la vita e i contenitori dei giochi acquistati in precedenza vi saranno di grande aiuto quando scoprirete le necessità primarie del vostro amico.

   Ma tenete a mente che il gatto grasso si schifa subito di tutto nelle sue 3 ore di attività quotidiane: le crocche dovranno essere sostituite una volta a settimana, o fingerà di farsi morire di fame, e quando tutte le marche a disposizione saranno terminate, non provate a riproporgli la prima marca, perché lui si ricorda tutto quando si tratta di cibo.

4. INSONNIA: la sveglia per un felino standard suona alle 3 di notte, e voi dovrete essere prontissimi ad assecondare sua maestà, a meno che non preferiate ricevere graffi o dispetti peggiori. Al gatto grasso non piace avere orari, non piace nemmeno l'indifferenza, e se ne frega se è notte, se avete lavorato tutto il giorno o se vi svegliate alle 6: lui sa che voi lavorate principalmente per lui, fuori e dentro casa...e se ne approfitta.

3. PREGI DEL GATTO GRASSO

1. STUFETTA: il gatto grasso è un ottimo scaldotto durante il gelido inverno. Dimenticate i piedi freddi durante la notte, i 6 kg di micio saranno pronti ad avvolgerli e bloccarne la circolazione.

2. STIMOLATORE CEREBRALE: il gatto grasso vi farà escogitare ogni qualsiasi stratagemma possibile e immaginabile per poterlo fare stare a suo agio. Vi terrà molto attivi a livello mentale, vi svilupperà creatività.

3. STIMOLATORE SENSORIALE: il morbidissimo pelo, la ciccia che tocca terra tutta stropicciabile, gli occhioni con pupille giganti e quel profumo di sabbietta alla lavanda e ammorbidente che caratterizzano il gatto grasso vi faranno completamente perdere la testa.

4. SVILUPPO DELLA MATERNITA'. Che abbiate figli o no, il gatto grasso scalerà velocemente la classifica delle vostre priorità, posizionandosi al primo posto. Inizierete ad autonominarvi mamma e papà, guardandolo con gli occhi dell'amore incondizionato.

5. DISPENSATORE DI GIOIA. Il vostro peloso vi porterà velocemente alla demenza da gattari, parlerete solo di lui e il vostro smartphone a breve non avrà più spazio per foto di mariti, fidanzati, figli, mogli o fidanzate: ci sarà lui e solo lui.
Il gatto grasso aiuta a potare i rami secchi, in quanto gli amici che non vi vogliono più che bene non vorranno più uscire con voi per avere aggiornamenti costanti sul vostro amico ciccione.

6. MAESTRO ZEN. Il gatto grasso nasconde un istinto felino sotto quella grassa scorza molliccia e pelosa, non dimenticatelo. Imparerete a sviluppare una pazienza infinita per conquistarvi la sua fiducia, e successivamente dovrete mantenere la calma quando troverete il vostro preziosissimo soprammobile in cristallo a tiratura limitata in mille pezzi sul pavimento, le tende pregiate ridotte a brandelli o più semplicemente un vasetto di smalto ultraresistente completamente rovesciato sul tappeto orientale.

7. ANTIDOLORIFICO. Il gatto ha poteri magici, lo sappiamo tutti, e quando il proprio schiavo ha un dolore, il gatto non vuole che il suo servo a tempo pieno possa essere rallentato il giorno successivo, pertanto si metterà in posizione strategica (e pesante...ricordo che il gatto sdraiato, anche se il suo peso in forma solida è di 4 kg, diventa di cemento...) per alleviare i mal di schiena, o i dolori stagionali provocati spesso e volentieri dai movimenti quotidiani per pulire la lettiera, il vomito, il pelo, raccogliere giochi sparsi per casa, versare crocchini, cambiare acqua e pettinare il nostro re.

8. PARRUCCHIERE A COSTO ZERO. Avete mai provato a lavarvi i capelli, non asciugarli e passare di fronte al grasso pelandrone che avete in casa? Avrete una permanente perfetta, a volte riuscirete anche a trovare nella vostra nuova acconciatura qualche rasta. E la barba dei maschietti sarà liscia e pettinata da quella linguetta ruvida che 1 minuto prima non vi dirò dov'era.

4. CONVIVENZA CON ALTRI ANIMALI

Tutto dipende da quale gatto grasso avete: il bonaccione non avrà problemi a farsi andare bene ogni essere vivente in casa, anche se appena conosciuto. La curiosità lo stimolerà a cercare di capire di più sul nuovo ospite, senza però scomodarsi......a risparmio energetico si può fare tutto, e lui lo sa.

Ponendo il caso che abbiate avuto la fortuna di essere scelti da un gatto pacato, snoccioliamo come potrebbe reagire all'arrivo di un intruso.

Con un altro micio:

lasciatelo fare, il gatto grasso è felice se ha la sua cuccia, e se comunque sulle vostre gambe c'è spazio anche per lui. Soffierà, ringhierà, la sua coda diventerà enorme come la sua pancia...ma farà in modo di farselo piacere, o di non considerarlo se proprio non dovesse sopportarlo.

Con un cane:

il gatto grasso potrebbe spaventarsi a morte, ma con la consapevolezza che in casa è arrivato solo l'ennesimo servitore al suo cospetto.

Con un coniglio:

il gatto grasso sarà incuriosito e mostrerà una certa vitalità verso il suo nuovo gioco. Ma quando capirà che quel cosetto peloso è vivo, grassoccio anche lui e si difende dagli agguati sferrandone altri a sorpresa, il micio si limiterà ad utilizzare spazi neutrali, inattaccabili e che gli permettano di essere ancora il capo supremo.

Con una cavia peruviana:

il gatto grasso tenterà di assaggiarla, ma a modo suo, senza tirar fuori le unghie e annusando mestamente il nuovo arrivato in casa. Controllate comunque il gatto grasso ma non vi preoccupate, nella maggior parte dei casi sarà terrorizzato da questa palla di pelo.

Con un pesce:

scelta sbagliata. Il gatto grasso proverà a mangiarlo, a chi non piace una bella porzioncina di sushi? Nella migliore delle ipotesi però, il micione non sarà attirato dall'acquario.

Se non volete avere problemi, il consiglio è di educare il gatto grasso ad altre specie quando è ancora piccolo e la sua mente è ancora libera dal costante pensiero del cibo.

5. STAGIONI

PRIMAVERA: sembra che il profilo del gatto grasso si assottigli, il doppio mento si sgonfia un po' e il nasino è sempre in movimento. Tranquilli, un'ora in più di vitalità non cambieranno il vostro strabordante padrone.

ESTATE: il gatto grasso è accaldato e si vede sparire del tutto il doppio mento. Ma quella pelle molliccia che cola da sotto la pancia e striscia sul prato è un promemoria infallibile per farvi ricordare che a breve arriverà l'autunno.

AUTUNNO: le foglie arrossiscono, il fresco ritorna e il gatto grasso è già pronto per recuperare la sua burrosissima forma fisica tanto amata.

INVERNO: il gatto grasso è vicino all'esplosione, con 3 kiletti in più, e l'aggiunta di qualche mento potete ricominciare a preparare gli antidolorifici per i pomeriggi insieme sul divano, in cui sterno e gambe saranno schiacciati per ore dal vostro scaldotto personale.

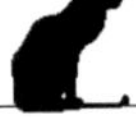

6. ALIMENTAZIONE

Il gatto grasso è un vero tritatutto.

Varia a seconda dei casi specifici, ma il suo alimento basilare è costituito da ciò che voi o i vostri ospiti avete nel piatto.

Per farvi un esempio pratico, io sono vegetariana, e ogni giorno devo lottare per tenermi le verdure nel piatto. Ugo impazzisce per i pomodori e quando non riesce a prenderli, va a rubare le verdure a conigli e cavie, per poi mangiarsele sdraiato sul loro fieno, che lui adora!

Apprezzatissimi anche pezzi di brioche al mattino, leccornie di ogni genere, vernice sui muri, pezzi di carta, pezzi di stagnola, palline di gomma, fili…….

7. MANUTENZIONE

Sfamare il gatto grasso almeno 30 volte al giorno.

Cambiare la lettiera molto spesso in quanto il gatto grasso è schizzinoso e non la fa due volte nello stesso posto.

Fare tagliando una volta l'anno dal veterinario, con tanto di vaccini, controlli denti, orecchie ma soprattutto panza!

Lasciare sempre una cuccia a disposizione in ogni stanza della casa e per sicurezza anche una dentro alla credenza... il gatto grasso è imprevedibile.

8.   LO SGUARDO

Il gatto grasso dalla nascita può essere di due tipi: *big pupilla* o *occhio in fico*.

Il *big pupilla* è il mio preferito, sguardo allucinato per tutta la sua vita. Qualsiasi cosa succeda, anche prima di addormentarsi, il gatto grasso è in una sorta di trip allucinogeno che gli distorce il mondo facendolo sembrare un enorme luna park.

E' spaventoso a volte, perché si può pensare di avere un ladro in casa, un topo di campagna o una vipera che sguazzano allegramente in quel punto misterioso che lui sta fissando da ore, o addirittura si può rischiare di pensare di avere un fantasma o un UFO che si manifestano solo a lui. Niente di tutto ciò, *big pupilla* è così perché ci è nato.

Doppio esempio di gatto *big pupilla*

Ciccio e Ugo

L'*occhio in fico* è invece più minaccioso, il gatto impone la sua supremazia con uno sguardo agghiacciante al quale noi schiavi non siamo molto abituati: ci ritroviamo subito in una sensazione costante di disagio e ci sentiamo osservati, sappiamo di avere sbagliato ma non sappiamo perché...finché non localizziamo il nostro padrone, e capiamo subito a cosa corrisponde il brivido freddo che ci ha percorso la schiena.

Il gatto grasso *occhio in fico* è più tosto, giudica il suo schiavo e non gli perdona nulla. Bisogna essere molto coraggiosi per condividere la propria abitazione con una simile potenza.

E durante il gioco o le coccole, sì, l'occhio in fico tenterà di trasformarsi in big pupilla, ma senza troppi risultati. Vi ritroverete pertanto un gatto grasso che sembra pronto a sbranarvi, ma che in realtà intende solo giocare con la pallina che gli state tirando.

Esempi di gatto *occhio in fico*

9.　IL GIOCO

Contro ogni aspettativa, il gatto grasso per istinto è un gran giocherellone! Ovviamente fa quello che può...il peso eccessivo spesso non gli permette di arrivare fin dove si è prefissato, con conseguenti capitomboli, urla, unghie incastrate nel termosifone, oggetti sparsi per casa, tiragraffi rovesciati, e disappunto del nostro amato ciccione.

Ma non vi esaltate quando passate davanti a una bella vetrina allestita per gli animali domestici: al gatto grasso tutto ciò che portate interessa per circa un'ora nei casi più fortunati, nei casi peggiori invece se ne accorge dopo qualche mese di giacenza dell'oggetto da voi scelto.

Lui preferisce la confezione, ogni dimensione di scatola gli va bene, farà in modo di entrarci fino all'ultima pieghetta di ciccia, sembrerà un muffin e non capirà perché scoppierete a ridere mentre lui vi osserva con orgoglio e sufficienza.

I bastoncini con ninnoli e piumette che decidiamo di portargli a casa, immaginando sua gioia immensa, verranno minuziosamente disintegrati e lui giocherà solo con il pezzettino di plastica superstite. E lo sbatterà contro ogni angolo o stipite durante le vostre ore di riposo.

Al gatto grasso non interessano tutte queste cose commerciali: lui è superiore a tutto ciò, si sente un po' come Mac Gyver, gli basta ciò che utilizziamo noi per divertirsi.

La carta igienica, lo scottex, le tende, i fili che successivamente tira, le stringhe delle scarpe, le palline di alluminio...ci insegna a risparmiare!

In alcuni casi, per chi possiede altri animali domestici, il gatto grasso assumerà la loro identità, si crederà appartenente ad un'altra specie e non considererà tutto ciò che abbiamo elencato in precedenza.

Perché il gatto grasso è geloso delle sue cose, della sua servitù, ed è egocentrico...pertanto non accetta che in casa esista qualcosa che non venga prima vagliata, approvata e tritata da lui.

Inoltre, per assecondare il suo schiavo, ogni tanto il gatto grasso aiuta nelle attività lavorative e scolastiche: si sdraierà su tutti i libri, quaderni e computer disponibili, cementificandosi e diventando più pesante del solito, e dopo il solito sonnellino, vi aiuterà con penne, matite, temperini.

Gli piace molto anche partecipare a giochi solitari o di società: provate un puzzle da mille pezzi con il gatto grasso posizionato strategicamente nella scatola, con zampetta pronta a prendere ogni piccolo tassello e lanciarlo per tutto lo spazio disponibile in casa. Se mai riuscirete a terminare l'opera, preparate il modulo di richiesta dei tasselli mancanti.

10. I REGALI

Se siete dei bravi schiavi, il gatto grasso nelle sue lente e molli uscite, si ritaglierà del tempo per pensare a voi, e sceglierà accuratamente il regalino da portarvi per ricompensarvi delle ore spese inginocchiati al suo cospetto.

A seconda del livello di bravura come schiavi, vedrete recapitarvi a casa svariate tipologie di regali.

Giudicate voi a che livello siete...

SUFFICIENTE: arriveranno piccole mele marce, insetti poco significanti e di media dimensione e lucertole. I più fortunati le lucertole le ritroveranno direttamente dentro le loro pantofole, ciò vuol dire che il livello è più che sufficiente. Ma potete sempre migliorare...

BUONO: in aggiunta a frutta marcia e lucertole, potrete trovare sull'uscio topini di campagna, cavallette grosse come un pugno, insetti carnosi (che prima avevo visto solo nel Re Leone, mangiati come pasto succoso da Pumba e Timon) decorati con foglie, anch'esse piuttosto marce.

OTTIMO: pantegane, serpenti anche di grossa dimensione e uccellini quotidianamente! Se quel giorno ve lo meritate, il gatto ve li porterà già sezionati...

Se invece il gatto pensa che non siate stati degni, li sezionerà in diretta, cercando incessantemente il vostro sguardo, sgranocchierà le sue prede con gusto e gioia... Non vi azzardate a gridare, se il gatto si offende rischiate di trovarveli a letto la prossima volta! Parlo per esperienza... Essendo un'ottima schiava pluridecorata, mi è toccato scarnificarmi con Amuchina quando Ugo a pochi mesi di vita e tanti kg fa mi ha portato un pezzo di topo sotto le coperte. Era estate. Avevo il pigiama corto.

Da allora dormo con una muta da palombaro.

11. LE FESTIVITA'

Le festività sono un momento magico e faticoso per il nostro gatto grasso: nuovi oggetti da testare, nuovi cibi da rubare, luci diverse e carte sbrilluccicose e rumorose lo faranno sentire più vivo e agile che mai.

La migliore? Il Natale...chi non ama il Natale? Con il suo calore, gli addobbi, i presepi...fidatevi se mi azzardo a specificare che lui lo amerà più di noi.

La scelta dell'albero è fondamentale: recentemente hanno inventato quello da appendere sul soffitto, credo sia la scelta migliore per noi schiavi.

In alternativa, con un po' di colla removibile e tanta creatività potrete creare il vostro albero personalizzato incollando decorazione per decorazione sul muro. Ma il gatto grasso, se motivato, arriva anche lì...ruba pezzo per pezzo e se lo nasconde nel suo luogo strategico!

Se invece preferite i classici abeti, la plastica piace meno degli aghi di pino profumati che finiranno giorno dopo giorno nel vostro letto, sui vostri vestiti, su ogni centimetro di pavimento.

Ma la vera Las Vegas per il gatto grasso natalizio è l'insieme di addobbi che creerete. Non appena si accorgerà di palline, brillantini, nastrini, pupazzetti e lucine dovrete armarvi di scopa, paletta e istinto da detective per recuperare tutti i pezzi.

Epifania e Pasqua sono altrettanto magiche per il gatto grasso: con le tipiche calze della Befana impazzirete a strappargliele di bocca e dovrete raccogliere pezzettini di carta dell'uovo di cioccolato in punti che non pensavate nemmeno esistessero in casa vostra!

Ma attenzione: niente dolci al vostro ciccione...a prescindere dal suo non peso forma, gli fanno molto male!

Ultima ma non meno importante, il compleanno del gatto grasso: a lui non interessa, ma noi schiavi ci adoperiamo come matti per rendergli la giornata speciale, come se gli altri giorni non lo fossero..........

Ci ritroveremo con bustine di umido aperte che si seccano, le mani completamente squartate dal nostro padrone e un po' di avvilimento. Perché lui non si mette in posa per le foto di compleanno, lui non si abbassa ad assaggiare la bustina nuova subito, lui vuole schifarvi, a prescindere, ed è il suo obiettivo primario.

12. GIORNATA TIPO DEL GATTO GRASSO

La dura giornata del gatto grasso inizia presto, intorno alle 3 del mattino, perché lui è un lavoratore, sa bene che chi dorme non piglia pesci.

h.3: fitness

Mentre lo schiavo dorme, lui si prepara al meglio, con un po' di attività fisica. Salto ad ostacoli, salto in lungo e un po' di gioco delle bocce sono ideali prima del sorgere del sole. h.4: primo spuntino

Dopo aver speso così tante energie, è giusto che il gatto grasso faccia la sua prima colazione. Se tutto va bene, dopo la colazione il micione proseguirà con le sue attività quotidiane, se invece la fatica fisica è stata eccessiva, preparatevi a scivolare appena svegli su un bel rigurgito di pelo e crocchini!

h.4.30: pulizia

Il gatto grasso, rigorosamente sullo sterno del proprio umano, procederà con la sua fiatella a pulirsi minuziosamente, impedendo al proprio schiavo di muovere un muscolo.

h.5-10: sonnellino

Meritatissima pausa del gatto grasso.

h.10: secondo spuntino

Il gatto grasso fa colazione, due fusa, qualche moina per ottenere una prelibatezza mattutina.

h.10.30-12: gioco e osservazione di un punto fisso nel nulla, con micro sonnellini

h.12: terzo spuntino

Dopo un altro dispendio di energie, è d'obbligo riempire nuovamente la ciotola del gatto grasso: ricordate che ha un'ampia capacità polmonare e non smetterà con ogni tonalità di miagolio finché non l'avrete accontentato.

h.12.30-18: sonnellino

Nonostante ci possano essere una fanfara in strada, una gara di fuochi d'artificio o un martello pneumatico acceso, il gatto grasso si limiterà in queste ore a cambiare posizione ogni tanto e deliziarci con i suoi gas, rigorosamente in faccia e rigorosamente tossici.

h.18: quarto spuntino e pulizia

h.19: osservazione dell'infinito e micro sonnellini

h.20.30: TV spapparanzato sul divano, occupando 4 posti

Il gatto grasso utilizza questo spazio serale per esercitarsi con il suo stretching, in previsione delle attività mattutine **h.23.30**: cibo, bagno e letto

Il gatto grasso è puntuale come un orologio svizzero, sa che a mezzanotte gli si trasforma la carrozza in zucca, pertanto si prepara per tempo.

Dopo l'ultimo sostanzioso spuntino, il giro di ricognizione in tutta la casa per controllare ogni cosa, la capatina in bagno rigorosamente prima del suo schiavo, in modo da deliziarlo delle sue produzioni multisensoriali, il gatto grasso va a letto. In centro. Arrotondato. E diventa di piombo. L'umano avrà due scelte: dormire sul pavimento o improvvisarsi contorsionista.

Propongo anche di correre sotto le coperte non appena vedete il gatto grasso iniziare la ricognizione serale!

13. GATTO GRASSO SU VETRO

Il gatto grasso su vetro va molto di moda ultimamente, e non c'è da meravigliarsi. Vedere questi ciccioni di ogni età da un'angolazione diversa, ridicola, non farà altro che accrescere la voglia di essere schiavizzati e torturati per sempre! Ecco come procedere.

È molto semplice:

- prendere il gatto grasso
- posizionarlo su una superficie trasparente
- schiacciarlo leggermente in modo che tutta la ciccia si spalmi in maniera omogenea
- prendere uno smartphone o una macchina fotografica
- mettersi sotto alla superficie di vetro

(attenzione, alcuni gatti si preoccupano a vedere lo schiavo così sottomesso e tentano di raggiungerlo per comandargli di rialzarsi e mettersi in posizione eretta)

✛scattare una quantità illimitata di fotografie pubblicare sui social network godersi la notorietà...

...senza farlo sapere al proprio padrone, altrimenti potrebbe iniziare anche a sentirsi un divo di Hollywood...

N.B. Valido per tutte le età, dai 15 giorni del cucciolo ai 20 del vecchietto.

14. GATTO GRASSO E TATUAGGI

Sin dall'antichità il gatto grasso è stato raffigurato ed impresso per sempre su muri di caverne, templi, scolpito nel marmo, intagliato nel diamante… all'epoca moderna noi ci limitiamo a fissare questo cicciobomba con un po' di inchiostro sulla nostra pelle, rendendo la nostra condizione di schiavi eterna.

Soprattutto in questi anni, il gatto va per la maggiore, sui social, nei video virali di Youtube, nelle pubblicità…ovviamente il gatto ha capito come conquistare il mondo e trasformarci tutti in grandi dispenser di costose crocchette.

Ma noi poveri schiavi, noi, gente comune, legata indissolubilmente alla condizione di servitore frustrato di un padrone che quando fa la cacca ci lancia la sabbietta, che di notte cerca di ucciderci infilandoci l'intera testa in bocca, bè, noi masochisti vogliamo ricordarci per sempre di questa situazione.

Ed ecco che arriva l'amico dei gattari…il tatuatore!

Con la sua fantasia e la nostra sottomissione nasceranno delle splendide opere d'arte. Personalmente, io ho la mia piccola serial killer *occhioinfico* Teresa sul collo, aggrappata con sguardo omicida in un atteggiamento che sembra dire "da qui non me ne vado ma se ti avvicini troppo ti squarto".

E poi ho Cicciugo su un polpaccio, raffigurato come micio kokeshi, e affiancato dal mio caviotto mannaro Taddeo e dalla mia scemoniglia Mafalda, tutti con sguardo supponente, superiore a me, rappresentata come una frivola bambolina giapponese spensierata, poco turbata dalla vita……

Nella realtà invece di kokeshi ho molto poco, ma ultimamente le mie mani puzzano di croccantini pregiati, sono piene di peli grigi e alle 3 di notte roboticamente vado ad aprire alcuni lavandini di casa in modo che i gatti smettano di urlare come se a casa mia facessimo dei riti satanici con tanto di sacrifici umani.

Il secondo modo in cui i gatti sono legati ai tatuaggi sono le loro unghie… anche loro partecipano nella creazione di splendide opere d'arte sulla nostra pelle, graffiandoci a sangue e incidendo per sempre cicatrici su di noi. Però non sono così fantasiosi. Usano il rosso del sangue come inchiostro e tracciano solo delle linee.

Continuo a preferire un professionista umano……

15. ESERCIZIO FINALE

Siete quasi pronti all'accoglienza di un gatto grasso in casa.

Come ultima cosa però dovete fare questo semplice esercizio.

Inspirate, trattenete l'aria 5 secondi ed espirate. Ripetete almeno una ventina di volte ed iniziate, sempre respirando a fondo, a salutare tutto ciò che possedete di più caro.

Prendetevi un attimo per osservare i vestiti senza peli, la casa intonsa ed ordinata, i soprammobili al loro posto e le tende intatte.

Lasciate andare i pensieri e l'attaccamento agli oggetti materiali. Non c'è più posto per loro...

Liberate la memoria del vostro smartphone completamente!

A mente libera ripetete ad alta voce "gatto grasso io sono tuo schiavo, tu chiedi ed io esaudirò", vi sarà più facile non perdere la ragione al momento del suo arrivo nella vostra vita.

FINE

16. LE MUSE

Dopo anni di schiavitù, ho sentito il dovere di descrivere la mia esperienza con questi esseri magici, scrocconi, ciccioni e coccolosissimi.

La mia pazienza si è sviluppata in maniera esponenziale, il mio portafogli si è effettivamente svuotato e la memoria del mio cellulare è perennemente piena.

Non credevo di amare i gatti, ho sempre avuto cani, ma a quanto pare io piaccio tantissimo a loro.

Tanto che oltre a Teresa e Ugo, mi sono ritrovata altri due coccolosissimi randagi, Mamma e Ciccio, non appena ho cambiato casa. Il mio portafoglio già vuoto è stato proprio buttato via con tutte le cure che ho dovuto prestare a entrambi, ma ora godono di ottima salute e sono rivestiti di lardo. Sono un big pupilla e una occhio in fico.

Il libro è quasi completamente ispirato a Ugo, la mia costola dalla sua nascita... chiamarlo gatto grasso è riduttivo, lui diventa spesso un coniglio, una cavia, un bambino, quando dorme appoggiato al cuscino e si mette sotto le coperte. L'importante per lui è stare sempre e comunque con me, la sua devotissima schiava!

Ugo e Ciccio

Ugo e Taddeo

Ugo e Guendalina

Ciccio

Ugo, Taddeo e Flora

Mamy

Ugo e Teresa

RINGRAZIAMENTI

A te Ugo, mio amato gatto grasso che quotidianamente mi togli il fiato dalla tua gelosia e dolcezza... (e fiatella...) A Teresa, la micia più disprezzante della terra, la mia mangiatrice di capelli notturna...

A Ciccio e Mamy, i due randagi che mi hanno rapito il cuore, svuotato le tasche e riempito gli occhi di gioia quando entrambi si sono accasati da me, scegliendomi, ingrassando a dismisura e miagolando nel cuore della notte con riconoscenza... (non vi dico che regali ricevo!!)

A Mafalda e Oreste, i miei scemonigli, e a Taddeo, Flora e Guendalina, i miei caviotti... grazie per la vostra pazienza... capisco che con delle tigri obese in casa a volte sia dura riuscire a stare soli per delle coccole serie.

A Flora e Taddeo...che mi hanno lasciata da poco... vi porto sempre con me, amori miei!

E a Giorgio, il maschio alfa, che ormai ha smesso di lottare per farmi recuperare la ragione e mi lascia fare la gattara!

SEGUICI O TI SQUARTIAMO...

FACEBOOK: I libri di Benedetta

Ti amo gatto

Gatti, e non, che si credono opere d'arte

TWITTER: @benedetta_libri

YOUTUBE: canale dedicato, Benedetta Alciato

SITO WEB: http://bettasbn.wix.com/ilibridibenedetta

STELLER: @betta_bb

Se ti è piaciuto, ti chiediamo di lasciare una recensione, per noi pelosi è importante...più la schiava diffonde il nostro verbo, più i kg di crocche aumentano!

ALTRI LIBRI:

Scemoniglio: guida per lo schiavo umano

Caviotto mannaro. Pubblicato con Giovanelli Edizioni. Luglio 2016

70544072R00034

Made in the USA
Columbia, SC
09 May 2017